K 446.

LES
CHAMPS ÉLYSÉES
D'ARLES

PAR

L'ABBÉ J.-M. TRICHAUD.

> Ditior Arelas sepulta
> quam viva.
> Plus riche est Arles ensevelie
> qu'Arles vivante.
> (VIEIL ADAGE.)

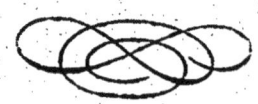

A ARLES,
CHEZ J. CERF, ÉDITEUR, RUE DU SAUVAGE, 7.
—
1853.

LES
CHAMPS ÉLYSÉES D'ARLES.

ARTICLE PREMIER

LES CHAMPS ÉLYSÉES PAYENS.

Ce séjour enchanteur des Champs Elysées où le paganisme laissait errer les âmes des sages, au milieu des délices d'un repos éternel, se trouvait à Arles à l'Est de la cité (1). La grande voie publique le divisait en deux portions égales. Les anciens le fesaient à dessein pour exciter les passants à la prière, et réveiller en eux la pensée salutaire de leur inévitable dissolution. *Quiescant placide*, qu'ils reposent paisiblement, s'écriaient-ils en traversant cette sinistre enceinte, *et ut isti superos ac inferos œternè*

(1) Défense était faite de brûler et d'ensevelir qui que ce fut dans la ville. *Hominem neve urito neve sepelito.*

benevolos habeamus, et qu'à nous et à eux, les dieux des cieux et des enfers nous soient éternellement propices (1).

Comme à la nécropole de Rome, la statue de Mars élevée au centre, veillait sur ce monde immobile de générations éteintes. Les images protectrices des dieux mânes, çà et là représentées, terrifiaient le profanateur audacieux qui aurait osé toucher sacrilégement aux urnes cinéraires. Plusieurs de ces vases d'or et d'argent devaient naturellement exciter la cupidité. Et tous, même les plus simples, de terre grossière et commune, recelaient, avec les ossements calcinés du défunt, les précieux bijoux dont il s'était paré jadis, et les pierreries des armes et des vêtements que la combustion avait épargnées.

Purpureas que super vestes, velamina nota conjiciunt.........

On jetait dans la flamme qui consumait le mort, dit Virgile, les habits de pourpre et les armes qui lui avaient appartenu (2).

Ajoutez à ce triste mélange les fioles lacryma-

---

(1) Natalis comes. Alexander ab Alexandro lib. 6 cap. 26. — Card. Maio. antiq. inscrip.

(2) Farnabe est plus explicite encore, à propos de ce vers *Devorante que super fulgentibus armis*, il écrit : *cum viris magnis; una cremebantur arma, vestes, equi; canes, et quæ in vita erant carissima apud Indos et uxor amantissima.* P. 217, édition de Paris. 1671.

toires, souvent de cristal recherché, dans lesquelles l'amour et la tendresse avaient versé l'expression d'une inconsolable douleur.

Au-dessus, une table quadrangulaire, de marbre ou de pierre, portait gravés le nom, l'âge, la qualité de celui qui reposait là, et les titres du parent, de l'ami qui l'avait enseveli.

Le Musée d'Arles possède plusieurs de ces dalles que le temps a rongées ou mutilées (1). Une des plus remarquables est celle-ci :

.......ARBAE SVRLIB............
...IN HOC SEPVLCHRO SVNT OSSA....
..ALIBI SVNT CINERES.....STRVXSI.

J'ai dressé à Arbœ Surlib... ce sépulcre, ici sont les ossements, ailleurs sont les cendres.

Pourquoi cette séparation ? c'est ce que les nécrographes cherchent à expliquer. De là naquit la distinction des urnes cinéraires et des urnes ossuaires, dont parle savamment Gruter dans son docte traité des antiquités romaines (2).

Deux autres de ces tables, car c'est leur nom véritable, *mensæ*, sont entièrement intactes.

---

(1) M. Huart, conservateur du Musée d'Arles, dont tous nos compatriotes savent le goût et le talent des arts, en classifiant ces nombreuses dalles, a su les rendre plus intéressantes et plus utiles à la science.

(2) L'urne la plus complète que j'ai vue, appartient au riche et curieux cabinet de M. Balthasar.

L'impérieuse injonction qui en termine l'épitaphe, révèle combien les payens étaient jaloux de la possession de leur dernière demeure ; disputant, à l'héritier étranger à la famille, le droit de mêler ses dépouilles à leurs cendres décomposées.

C. FABIVS .C. L .B. HERMES,
(1) IIIIII. VIR. AVG. C. I. P. AREL,
VIVOS. FECIT. SIBI. ET SVIS, ET.
C. FABIO. L. F. SECVNDO. PATRON.
ET. L. FABIO. L. F. PRIMO FRATRI.
EIVS.
H. M. H. M. N. S.

Hoc monumentum hæredes mei non sequantur
ou *sinant.*

Q. DELVS. Q. FILIVS. NEO.
VIVOS. FECIT. SIBI. ET. SVIS.
H. M. H. M. H. N. S.

Hoc monumentum mei hæredes non sequantur (2).

(1) IIIIII: Cela veut dire que Fabius Hermès était du nombre des prêtres d'Auguste appelés *Sextumviri*.

(2) Heineche explique au livre 11, page 117, de son Droit Romain, cette distinction juridique des héritiers naturels et des héritiers pris hors de la famille.

L'interpretatio abreviatarum de Gruter contient à ce sujet des appréciations très instructives.

Onuphrii Panuinii Veronensis Augustiniani Reip. Rom. comment MDLXXXVIII. Paris.

Quand la coutume de brûler les morts fut abolie, les champs Elysées se remplirent de mille tombeaux différents par la forme et par la matière. La sculpture, alors sublime dans son exécution, y reproduisait avec un talent merveilleux, l'histoire d'un dieu ou d'une déesse. Sous le ciseau de l'artiste, l'albâtre, la pierre et le marbre se transformèrent en colonnes élégantes, en statuettes allégoriques, en symboliques scènes.

Les amateurs du beau style admirent, au Musée d'Arles, les magnifiques débris de ce sarcophage payen, sur lequel Apollon est entouré des neuf muses. C'est la production caractéristique de l'art insaisissable de l'antiquité.

L'ornementation sépulcrale fut poussée à un désolant excès. Chacun se piquait, selon l'énergique expression de Bossuet, de cacher la honte de sa corruption sous de pompeux trophées. On vendait jusqu'aux objets indispensables, pour jouir orgueilleusement avant la mort de la vue de son propre tombeau.

Ainsi le témoigne cette épitaphe, qu'encadrent et décorent de légères guirlandes de fleurs, délicatement entrelacées.

Du Choul a aussi sur ce point une excellente dissertation dans son livre de la religion des Romains. Edit. de Lyon 1562 pag. 269 et suiv.

D. M.
CORNEL. IACÆÆ
SIBI. VIVA. POSVIT,
HEREDES
CONDENDAM. CV.
RAVER.

Aux dieux mânes

Cornélie Jacea, à elle-même vivante, posa cette pierre. Ses héritiers ont pris soin de l'ensevelir (1).

Souvent on se faisait représenter en relief sur un côté du sépulcre. Tels sont les cippes d'Hydria Tertulla et de sa fille Axia Œliana, ceux de Domitia Mutina, de Julia Servata et des deux Cornelia où sont modelés les traits de ces divers personnages.

---

(1) J'ai lu à St-Gilles, sous la porte basse qui conduit de l'église souterraine au cloître de l'ancien monastère, cette inscription plus laconique encore :

D . LVCIVS GRATIVS EVTICHES
DOMVM ÆTERNAM
VIVVS SIBIT CVRAVIT . M
NE HÆREDEM ROGARET.
TAVTA.

Lucius Gratius Eutichès, s'est construit
vivant, cette maison éternelle,
pour ne pas prier son héritier
de lui rendre ce service. Cela même.

Toutes les inscriptions tumulaires, toujours placées sous la tutélaire invocation des dieux mânes D. M., n'ont pas le même style. Les unes, comme celle-ci, se distinguent par leur concision sentencieuse.

D. M.

FVI, NON SVM, ESTIS, NON ERITIS;
NEMO IMMORTALIS.

Je fus, je ne suis plus, vous êtes, vous ne serez plus,
        personne n'est immortel.

NEMO. ME. LACRYMIS. DECORET.
D   TRIBVTVM. SOLVI. ACERBISSIMVM.   M
SED. COMMVNE.

Que personne ne m'honore de pleurs; j'ai payé un tribut très cruel, mais commun à tous.

D'autres emploient un langage touchant, empreint d'une douloureuse sensibilité. Ecoutez l'accent plaintif de Parthénope, mère désolée qui pleure sa tendre fille Lucine, enlevée à la fleur de l'âge?

O DOLOR QVANTAE,
LACHRIMAE, FECERE,
SEPVLCHRVM. IVL. LV.
CINAE. QVE. VICXIT. KA.
D   RISSIMA. MATRI. FLOS. AE   M
TATIS. HIC IACET. INTVS
CONDITA. SACXOO. VTINAM,

POSSIT. REPARARI. SPIRITVS. ILLE,
VT. SCIRET. QVANTVS. DOLOR. EST.
QVAE, VIXIT. ANN. XXVII. DIÊ. XIII.
IVL PARTHENOPE. POSVIT INFELIX MATER.

O douleur ! que de larmes amères ont arrosé ce sépulcre dans lequel gît Lucine. Lucine, la douce joie de sa mère. Oui, elle est là, sous ce marbre glacé. Plût aux dieux que l'esprit l'animât de nouveau, elle saurait combien grande est mon affliction. Elle a vécu 27 ans, 10 mois et 13 jours. Parthénope mère infortunée, je lui ai élevé ce monument.

Que dire encore des lampes sépulcrales, dont la flamme éternelle symbolisait, suivant l'interprétation des antiquaires, l'immortalité de l'âme ? Ce feu brûlait-il réellement, ou bien n'était-ce qu'un phosphore brillant qui conservait pendant des siècles sa limpidité étincelante. Sous le Pontificat de Paul III, n'a-t-on pas trouvé à Rome dans le tombeau de Tulliola fille de Cicéron une lampe allumée ?

Le fameux P. Kircher développe longuement au chapitre trois de son *OEdipus OEgyptiacus*, la composition de ce feu perpétuel.

Ce qu'il y a de certain, c'est qu'on plaçait une lampe à côté du mort. Les sépulcres de nos champs Elysées en ont fourni quelques-unes vraiment curieuses par leur ingénieux dessin.

ARTICLE SECOND.

LES CHAMPS ÉLYSÉES DEPUIS LE CHRISTIANISME.

—

Lorsque Saint Trophime, envoyé par les apotres eux-mêmes, vint à Arles, sa première pensée fut de consacrer les champs Elysées à la sépulture des chrétiens. A sa voix, nos pères subjugués avaient abandonné les sanglants sacrifices de l'erreur, pour vivre à l'ombre bienfaisante de la croix (1). A l'ombre de la croix, ils reposeront après leur mort.

Afin de donner plus d'éclat à cette solennelle consécration, saint Trophime convoque les pon-

---

(1) La tradition fondée sur des monuments prétend que trois jeunes enfants étaient immolés chaque année en l'honneur de la déesse Diane. L'autel qui servait à ce barbare sacrifice était soutenu par deux colonnes, et s'appelait *ara lata*, d'où, selon quelques historiographes, fut formé le mot Arles *Arelas*.

Saint Trophime abolit cette affreuse coutume. Offi. sancti Trophimi. 5. lect. — Saxi.

tifes des villes voisines, saint Maximin d'Aix, saint Eutrope d'Orange, saint Saturnin de Toulouse, saint Martial de Limoges, saint Serge de Narbonne accourent l'assister. A l'endroit même des Aliscamps où ces saints disciples se réunissent, l'apôtre d'Arles a édifié un modeste sanctuaire à la Sainte-Vierge encore vivante. Au-dessus de l'autel il a écrit ces mots :

HOC SACELLVM DEDICATVM FVIT
DEIPARAE ADHVC VIVENTI (1).

Ce temple a été dédié à la mère de Dieu encore vivante.

De là, suivis d'une foule nombreuse et recueillie, les évêques se dirigent processionnellement vers un tertre rocailleux qui domine le vaste champ funèbre. Par humilité, saint Trophime se déclare indigne d'accomplir la cérémonie et supplie vainement ses vénérables frères de le remplacer. Tandis qu'ils se disputent entre eux l'honneur du dernier rang, la foudre éclate avec fracas. Au sein des nuées resplendissantes Jésus-Christ apparaît, bénissant de sa divine main cette terre à jamais sainte et purifiée. Les assistants se prosternent avec un respectueux

---

(1) Cette inscription si précieuse pour les Arlésiens, fut emportée à Rome par le cardinal Barberini. Elle est dans le musée Barberini, avec plusieurs sarcophages de marbre tirés également de nos champs Elysées.

étonnement, et le Sauveur remontant dans les cieux, laisse sur le sol l'empreinte sacrée de ses pieds adorables (1).

On construisit une chapelle qui a transmis jusqu'à nous, par son nom étymologique de *Genouillade*, le souvenir de ce miraculeux prodige.

Dès lors tout chrétien voulut être enterré aux Aliscamps. Saint Trophime y désigna sa place, et son corps fut enseveli dans la petite église qu'il avait lui-même dédiée à la mère de Dieu.

Saint Denis l'aréopagite qui, après lui, gouverna pendant quelque temps l'église d'Arles, bâtit sur le plateau des Moleyrès la chapelle de Saint-Pierre, où s'élevait jadis le temple du dieu Mars (2).

En 509 le grand saint Césaire entreprit aux Aliscamps un couvent de religieuses. Les murs atteignaient déjà une hauteur assez saillante, lorsque les Francs venant assiéger la ville d'Arles, les démolirent complètement. Plus tard, sur le même emplacement, une chapelle fut érigée sous le patronage de cet illustre et bien aimé pontife. On en voyait encore les ruines en 1760.

---

(1) Mus. vatic. Epist. Michael de Moresio — archev. arel. univ. episc. an. 1203. Vie de sainte Marthe par sainte Marcelle, texte hébraïque. — Saxi p. 247. Gervais de Tilbury maréchal du royaume d'Arles, *de mirabilibus mundi*.

(2) Lavi. Bonnemant. hist. de l'église d'Arles.

Un seul pilier de l'église de ce couvent reste aujourd'hui près la chapelle de Saint-Accurse.

Au commencement du 7.ᵐᵉ siècle, les fondements de la basilique de Saint-Honorat furent jetés par saint Virgile, qui engloba dans cette construction la chapelle de la Sainte-Vierge.

Deux fois les Sarrasins la renversèrent de fond en comble. Charlemagne arrive et remporte sur eux à Mont-Majour une célèbre victoire, qui délivre les arlésiens de la tyrannique domination du croissant. Les décombres des chapelles du saint Cimetière remplissent d'affliction le cœur généreux du vaillant monarque. Bientôt inspiré par une tendre dévotion, il relève à ses frais l'église de Saint-Honorat. En 1203 elle s'écroulait de vétusté, lorsque l'archevêque d'Arles Michel de Moresio fit appel en ces termes à la générosité du monde catholique.

« ....Soit donc à tous notoire, que hors
» les murailles de la ville d'Arles aux champs
» vulgairement appelés Elyséens, il y a une
» église fondée sous le titre de Saint-Honorat,
» que nos prédécesseurs avaient donnée à de
» bons religieux de Saint-Victor de Marseille,
» afin que les saints fussent servis par les saints.
» Dans cette église repose le corps de saint Ho-
» norat. C'est là lieu où les gens de bien gar-
» dent les reliques de saint Hilaire ; lieu qui
» est sanctifié par les membres sacrés des bien-
» heureux évêques Aurélien, Concorde, Eone,

» Virgile, Rolland et autres prélats; comme
» aussi de saint Genès martyr, et de sainte
» Dorothée vierge et martyre et d'une infinité
» d'autres saints, qui y sont inhumés, et dont
» nous ne voulons pas énumérer le nombre,
» crainte que notre discours ne parut in-
» croyable. Ces saints sont autant de fleurs
» et de pierres précieuses, qui ennoblissent cette
» terre sainte, auparavant sans estime et sans
» valeur. Assurément les saints sont la semen-
» ce que le Seigneur a consacrée.

» Cette église est environnée d'un spacieux
» cimetière, au sein duquel sont les corps de
» ceux qui, sous le bienheureux Charlemagne,
» Guillaume et Vésien ses neveux, se couronnè-
» rent victorieusement en leur sang, pour la
» défense de l'église. Il y a encore plusieurs
» autres corps recommandables, dont les âmes
» jouissent de la vision de Dieu. »

Ici le zélé pontife rapporte le miracle de la bénédiction faite par Jésus-Christ lui-même, comme je l'ai raconté à la page précédente. Puis il ajoute :

« De toutes les régions éloignées ou circon-
» voisines, arrivaient sur le Rhône des corps
» morts, soigneusement enfermés dans un cer-
» cueil. Aussi la quantité des tombeaux est-elle
» incalculable. Eh ! voyez combien la vertu de
» Dieu paraît admirable !

» La bière exposée au fil de l'eau du fleuve,

» s'en allait seule et ne s'arrêtait qu'au bord
» du cimetière.

» Il nous a été assuré par des hommes dignes
» de foi, que près de Roquemaure, des voleurs
» voyant passer une de ces bières, l'arrêtèrent,
» prirent l'argent qui devait servir aux funé-
» railles du mort et la refermant de nouveau,
» la remirent au courant de l'onde ; mais c'était
» en vain qu'ils la repoussaient, sans cesse elle
» revenait à eux. Enfin le larcin étant décou-
» vert et la restitution faite, la bière s'éloigna
» rapidement.

» Mais cette église fondée par saint Trophi-
» me, agrandie et dotée par Charlemagne, est
» depuis peu d'années sur le point de tomber.
» Et comme elle ne peut pas être réparée sans
» de grands frais, nous avons jugé à propos
» d'envoyer des députés dans tout l'univers,
» pour recueillir les aumônes des fidèles. Rece-
» vez-les avec bonté, nous vous en supplions
» au nom du Seigneur, qui vous récompensera
» au centuple de votre libéralité..... (1) ».

Les vœux du pieux prélat furent exaucés. Une église à trois nefs, ayant la forme de la croix latine surgit de ses ruines comme par enchantement. Voici quelle fut jusqu'en 1789 la disposition intérieure de ce majestueux édifice.

(1) Archiv. de l'église d'Arles. Saxi p. 247.

Entre le portail de la fondation primitive et l'entrée de l'église actuelle, se déployait une cour parsemée de tombeaux de marbre, cloturée d'un côté par les murs du monastère des RR. PP. Minimes, et de l'autre par deux chapelles gothiques. A droite dans le monument, au milieu d'un reflet mystérieux de lumière à demi voilée, se montrait la statue de N. D. des Grâces éclatante de blancheur (1). Les innombrables *Ex-voto* dont elle était environnée, proclamaient la piété et la confiance des Arlésiens en celle qui ne fut jamais inutilement invoquée.

(1) En 1618 la chapelle de la Vierge des Grâces reçut sur un piédestal en remplacement d'une statue de bois, une belle Vierge de marbre blanc, sortie des ateliers de Léonardi Mirano, célèbre sculpteur de Gênes.

En 1793, cette église fut dévastée : un miracle sauva la statue.

Le premier qui y porta la main pour la détruire fut renversé lui-même et se rompit la jambe ; ses complices l'emportèrent, et la statue fut désormais respectée.

J'ai vu cet homme ; il est resté boiteux jusqu'à sa mort, survenue 40 ans après dans la maison de la Charité, où il avait été admis comme pauvre infirme dans les dernières années de sa vie. (Etudes sur Arles par J.-J. Estrangin, p. 261.)

Lorsque le culte catholique fut rétabli, les bons capitaines marins qui avaient pour cette statue une vénération sans bornes, la transportèrent avec respect dans la chapelle de la Vierge à Saint-Trophime.

L'autel de cette chapelle était le tombeau de saint Trophime, dont on avait relevé l'extrême simplicité, en y incrustant le flanc du sépulcre de Germinus Paulus gouverneur des neuf provinces (1).

On lisait dans la sacristie sur un marbre antique :

EPITAPHIVM
DIVI TROPHIMI.

Trophimus hic colitur Arelatis præsul avitus,
Gallia quem primum sensit apostolicum.
In hunc Ambrosium Proceres fudere nitorem,
Claviger ipse Petrus, Paulus et egregius.
Omnis de cujus suscepit Gallia fonte,
Clara salutiferæ dogmata tunc fidei.
Hinc constanter ovans cervicem Gallia flectit,
Et matri dignum præbuit obsequium.
Insignis que cluens ingens cui gloria semper
Gaudet apostolicas se meruisse vices (2).

Une quantité infinie de cénotaphes ornaient les autres parties de la nef. Les murs étaient lit-

---

(1) Ce marbre sert aujourd'hui de maître autel à la chapelle du Saint-Sépulcre à Saint-Trophime.

(2) Les C carrés entremêlés aux lettres romaines de cette épitaphe font juger, à bon droit, qu'elle date du 4me siècle, époque où l'on commença à joindre ces CC, aux caractères romains. (Seguin antiq p. 33.)

téralement tapissés d'inscriptions tumulaires de tout genre.

Le tombeau de saint Honorat servait de maître autel. Au-dessous, par une double rampe, on descendait en de sombres catacombes creusées par les premiers chrétiens. Là, à l'extrémité méridionale était l'autel de pierre, sur lequel saint Trophime offrait le sacrifice réparateur. Tout autour se trouvaient sept sépulcres de marbre, admirables par la perfection du travail, mais plus dignes de vénération par les cendres augustes qu'ils contenaient.

C'étaient ceux de saint Genès martyr et de sainte Dorothée vierge martyre, d'origine arlésienne; des bienheureux archevêques d'Arles, saint Hilaire, saint Eone, saint Virgile, saint Concorde, et celui de saint Rolland, constamment rempli d'une eau claire et transparente, à laquelle l'ardente piété de nos pères, attribuait la vertu de guérir les fièvres, et les maladies des yeux.

Parmi ces riches et respectables sarcophages, celui de saint Eone fixait plus particulièrement les regards du religieux visiteur. Entre des rameaux d'oliviers que deux colombes tenaient à leur bec, se dessinait la figure du Labarum désignée par ces deux lettres X et P superposées. Plus bas, Constantin agenouillé contemplait une croix suspendue dans les airs et entourée du mémorable *in hoc vinces*. Sur le

couvercle étaient sculptées la tête de ce grand
empereur, celle de sa femme Fausta et celle de
son fils Crispus ou Constantin (1).

On quittait à regret cet immense reliquaire,
où gisaient les saints ossements des plus dévoués
serviteurs de Dieu qui ont illustré la cité.

A l'extérieur, le spectacle n'était pas moins
saisissant et lugubre.

Imaginez cet espace considérable compris entre Notre Dame de Grâce et les Moleyrès, le
pont de Crau et les remparts, couverts de tombeaux amoncelés sur plusieurs rangs. Que de
chrétiens riches ou pauvres, savants ou illettrés,
mais tous redoutant le terrible jugement, confondirent leur poussière dans cette terre sanctifiée par la divine présence du Sauveur. Ils s'y
donnaient rendez-vous de toutes les provinces
environnantes, espérant trouver en retour de
leur dévotion, miséricorde, pardon et paix éternelle.

Près de l'église de Saint-Honorat, la noble famille des Porcelets avait établi son caveau fu-

---

(1) Des auteurs très graves assurent que la croix est apparue à Constantin dans les Champs Elysées d'Arles. La décoration de ce tombeau confirmait cette vieille croyance que des médailles antiques avaient déjà révélée. Baronius décrit ainsi une de ces pièces : à l'avers, une main sort des nuages, et au revers on lit : *Arelas civitas*.
Baron. Sub ann. 129. — Nicéphore Hist. trip. 315.

néraire, sous la petite chapelle de N.-D. de Miséricorde dont les pilastres sont marqués à ses armes (1452).

Plus loin la chapelle de Saint-Accurce rappelait les fâcheuses conséquences d'un odieux ressentiment. Le jeune seigneur Accurse de la Tour avait imprudemment médi du fier baron de Beaujeu. Celui-ci irrité le provoque à un combat singulier, sous le portail de l'entrée des Aliscamps. Accurse plus faible et moins exercé que son adversaire succombe et expire. Sa famille outragée en réfère à la justice du parlement. Le vainqueur est condamné à élever un monument expiatoire sur le lieu où le sang à coulé.

Le tombeau de l'infortuné de la Tour est en dehors près de la porte, au-dessus de laquelle sont représentés les deux champions l'épée à la main (1521).

Voici une pierre sépulcrale sans prétention architecturale et tout-à-fait dépourvue d'ornements. La date est 1720, année de misère et de mort pour la ville d'Arles et pour la Provence entière. Honneur au dévouement des courageux consuls Jacques Gleyse de Fourchon, Jean Grossy, avocat, Honorat de Sabatier, Ignace Amat de Graveson ; gloire aux vertueux et intrépides ministres de la religion C. Maurin, Daniel Leblanc, M. Richaud, Ant. Roman, J. Charbonnier, Michel ; qui tous, affrontant la fureur menaçante du fléau destructeur, périrent victimes de la charité la plus sublime. Cette pyramide si simple est là pour exalter éternellement leur mémoire bénie et pour redire aux siécles futurs, la profonde gratitude de leurs concitoyens reconnaissants.

Tel fut, jusque vers le milieu du 16ᵐᵉ siècle, l'état des Aliscamps d'Arles où personne ne se fesait plus inhumer.

Peu à peu le respect dû aux morts s'affaiblit et finit par s'éteindre dans l'âme des vivants. Les ossements furent ignominieusement remués et dispersés par des mains cupides, qu'agitait l'espoir d'une riche trouvaille. Plusieurs ayant heureusement réussi dans leur sacrilége entreprise par la découverte de médailles, de lampes, de lacrymatoires et de petites statues des dieux Lares chèrement vendues; la soif de l'argent l'emporta sur les sentiments religieux. Les peines rigoureuses, mais justes, prononcées par les archevêques d'Arles furent impuissantes à arrêter cette barbare dilapidation.

Ainsi commença la destruction lamentable du saint et vénérable cimetière (1).

(1) Voyez aux archives d'Arles, les procès-verbaux copiés par le savant abbé Bonnemant.

ARTICLE TROISIÈME.

CE QUE SONT AUJOURD'HUI LES CHAMPS ÉLYSÉES?

Ceux qui n'ont pas vu, il y a seulement vingt ans, les champs Elysées d'Arles, ne pourront jamais se former une exacte représentation de leur topographie primitive, tant a été considérable le bouleversement qu'ils ont subi.

La colline qui s'étendait de la Genouillade à Saint-Honorat est applanie, et sur les débris des innombrables sépulcres sont placés aujourd'hui les ateliers du chemin de fer.

Le rocher des Mouleyrès a été creusé jusque dans ses profondeurs. Toutes les pierres extraites de ces carrières alimentent un four à chaux construit auprès de l'église de Saint-Pierre, qui sert elle-même d'abri aux plus vils animaux.

Enfin, la chapelle de la Genouillade, celle de Saint-Accurce avec le grand arceau de l'entrée principale des Aliscamps, le cénotaphe des consuls morts de la peste en 1720, le tombeau des Porcelets et l'antique basilique de Notre-Dame des Grâces, c'est là tout ce qui a résisté aux ravages impitoyables du temps et à l'aveugle destruction de l'irréligion en délire.

Arlésiens ! respectons ces vieux monuments, glorieux témoignages de la foi de nos ancêtres.

Quand nous dirigerons nos pas vers cette terre sainte, prions pour ceux qui y dorment en paix, et rappelons-nous qu'un jour, demain peut-être, il nous faudra les suivre.

FIN.

ARLES, IMP. J. CERF, RUE DU SAUVAGE, 7.

www.ingramcontent.com/pod-product-compliance
Lightning Source LLC
Chambersburg PA
CBHW060631050426
42451CB00012B/2526